# Jon Scieszka's Trucktown
## en Calle de la Lectura

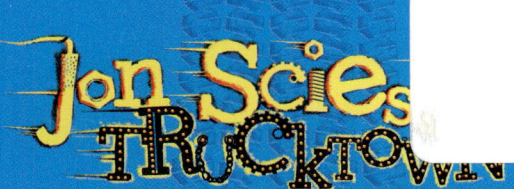

# ¡BACHES, BACHES, BACHES!

**PEARSON**

Glenview, Illinois • Boston, Massachusetts • Chandler, Arizona
Shoreview, Minnesota • Upper Saddle River, New Jersey

¡Qué polvo!

¡Mucho polvo!

2 Es Ernesto que cava, cava, cava.

Ernesto cava.

Vico echa arena.

Nina la recoge y la nivela.

Melvin agita, agita, agita la mezcla.

Ernesto, Vico, Nina y Melvin.

¡Toda la familia de camiones!

Max ve el polvo.

¡No se imagina qué pasa!

—Acomodamos el camino.

¡Estaba lleno de baches!

¡Veo que no te gusta, amigo! —anota Vico.

—¿Baches?

¡Qué pena!

A mí me gusta saltar baches.

—¡Saltar baches es fabuloso!

¡Qué pena que los acomodes!

—chilla Max.